BEI GRIN MACHT SICH IHR WISSEN BEZAHLT

- Wir veröffentlichen Ihre Hausarbeit,
  Bachelor- und Masterarbeit

- Ihr eigenes eBook und Buch -
  weltweit in allen wichtigen Shops

- Verdienen Sie an jedem Verkauf

Jetzt bei www.GRIN.com hochladen und kostenlos publizieren

GRIN

Bibliografische Information der Deutschen Nationalbibliothek:

Die Deutsche Bibliothek verzeichnet diese Publikation in der Deutschen National-
bibliografie; detaillierte bibliografische Daten sind im Internet über http://dnb.d-
nb.de/ abrufbar.

Impressum:

Copyright © 2014 GRIN Verlag
Druck und Bindung: Books on Demand GmbH, Norderstedt Germany
ISBN: 9783668986824

Dieses Buch bei GRIN:

https://www.grin.com/document/489698

Alexander Schneider

Dialektrezeption unter Regensburger Migranten aus der ehemaligen Sowjetunion

Dialektologie. Bairisches Deutsch in Regensburg

GRIN Verlag

Werner-von-Siemens-Gymnasium Regensburg

Naturwissenschaftlich-technologisches ♦Sprachliches ♦ Wirtschafts- und Sozialwissenschaftliches Gymnasium

Oberstufenjahrgang 2012/2014

S e m i n a r a r b e i t

im Fach

Deutsch

Thema: **Dialektrezeption unter Regensburger Migranten aus der ehemaligen Sowjetunion**

Verfasser/in: **Alexander Schneider**

Rahmenthema: Dialektologie: Bairisches Deutsch in Regensburg

Abgabetermin: **12. November 2013**

Inhaltsverzeichnis

1. Einleitung

In dieser Seminararbeit habe ich mich mit der Dialektrezeption unter Regensburger Migranten aus der ehemaligen Sowjetunion auseinandergesetzt und unterschiedliche Sprachkompetenzen untersucht. Da ich in der Ukraine geboren bin und 1995 als jüdischer Kontingentflüchtling zusammen mit meiner Familie nach Deutschland kam, habe ich einen sehr guten Bezug zu den hier lebenden Ausländern und besonders zum bairischen Dialekt.

Schon seit meinen jungen Jahren in der Grundschule hat mich diese Vielfältigkeit der Ausdrucksformen fasziniert, warum sich beispielsweise die Sprache meiner ausländischen Freunde von der, die einheimisch waren, unterschieden hat. Als ich älter wurde, machte ich mir noch mehr Gedanken über diese Sprachvarietät, denn sie klang mir melodischer und auch gefühlvoller als die Schriftsprache. So habe ich diese Thematik bewusst gewählt und werde im ersten Teil über die historischen Ursachen referieren, die die Menschen dazu verleitet haben, für immer nach Deutschland zu emigrieren und welche rechtlichen Voraussetzungen dafür geschaffen wurden. Dabei wird zunächst differenziert in Aussiedler deutscher Ethnie zum einen und zum anderen in jüdische Kontingentflüchtlinge. Zusätzlich stelle ich diese beiden Gruppen in einem Gesamtüberblick dar.

Im Hauptaugenmerk dieser Arbeit widme ich mich dann der sprachlichen Analyse und stelle Jugendliche von 18 bis 25 Jahren, Erwachsene von 30 bis 50 Jahren und Personen mittleren Alters ab 60 Jahren kritisch gegenüber. Dabei vergleiche ich diese Gruppen anhand der Kriterien Alter und Akademisierungsgrad und versuche daraus Schlüsse zu folgern, auf welchem Niveau Migranten des Dialektes mächtig sind und aufgrund welcher Faktoren sich diese Kompetenzen unterscheiden lassen.

Unter dem Punkt 4 möchte ich schließlich kurz darüber erörtern, ob es notwendig ist, einen Bairisch-Sprachkurs für Interessierte einzuführen.

2. Die Entwicklung der russischsprachigen Zuwanderung aus dem Gebiet der ehemaligen UdSSR in die Bundesrepublik Deutschland seit 1987

Bei den Migrationsbewegungen aus der Sowjetunion nach Deutschland in der Zeit nach der deutschen Wiedervereinigung gibt es grundsätzlich, bis auf wenige Ausnahmen, zwei Bevölkerungsgruppen zu unterscheiden: Zum einen Aussiedler (seit 1993: Spätaussiedler), die im Sinne von § 6 BVFG[1] deutsche Volkszugehörige sind, und zum anderen Kontingentflüchtlinge jüdischer Nationalität. Diese beiden Gruppen werden im Folgenden zunächst differenziert betrachtet.

2.1 Historische Ursachen und rechtliche Voraussetzungen bis 2004

Seit den liberalisierenden Reformen in der kommunistisch regierten Union der Sozialistischen Sowjetrepubliken durch den damaligen Generalsekretär Michail Gorbatschow bestand ab dem Jahr 1987 für Ausreisewillige die Möglichkeit, unter bestimmten Voraussetzungen nach Deutschland auszureisen.

2.1.1 (Spät-)Aussiedler

Aufgrund der damals sowohl wirtschaftlichen als auch gesellschaftlichen Umbrüche entschlossen sich deshalb im gleichen Jahr 753 sowjetische Bürger deutscher Ethnie diese Gelegenheit zu nutzen und in das Land ihrer Väter und Mütter zurückzukehren.[2] Diese Deutschen hatten zum Großteil ihre Wurzeln im 18. Jahrhundert, da zu dieser Zeit weite Teile des Russischen Reiches noch unbesiedelt waren und die damals herrschende Zarin Katharina die Große (1729-1796) Arbeiter aus Nord- und Mitteleuropa zu sich einlud, um rohstoffreiche, landwirtschaftliche Flächen zu erschließen. Dabei bot sie den Interessierten als Ansporn Privilegien an wie das Recht auf freie Religionsausübung oder Reisegeld, jedoch blieb das Interesse vorerst gering. Die Auswanderungsrate stieg enorm an mit dem Einsatz von sogenannten „Lokatoren"[3], die auf dem gesamtdeutschen Gebiet für diese Arbeitsplätze gegen Provision vom russischen Staat warben. Zudem sahen viele Deutsche darin das mögliche Entkommen vor dem persönlichen Niedergang durch die Folgen des Siebenjährigen Krieges. Weitere größere, eher unfreiwillige Wanderungsbewegungen fanden unter anderem in der Zeit nach dem zweiten Weltkrieg

---

[1] § 6 Bundesvertriebenengesetz (BVFG) - Gesetz über die Angelegenheiten der Vertriebenen und Flüchtlinge
[2] vgl. Alfred Eisfeld, (Spät-)Aussiedler in Deutschland, 2013
[3] Jan Schneider, Die Geschichte der Russlanddeutschen, 2005

statt, in der vielen deutschen Kriegsgefangenen und Verschleppten die Möglichkeit verwehrt wurde, in ihre Heimat zurückzukehren.

Anfangs „war es selbstverständlich, dass Spätheimkehrer (so die amtliche Bezeichnung) in den Ort zuziehen konnten, in dem ihre Angehörigen [einst] ansässig waren."[4], doch mit jedem Jahr stiegen die Zuzugszahlen, bis die deutschen Behörden 1990 bei jährlich circa 148.000 Einreisenden entschieden, die rechtlichen Bestimmungen mit der Verabschiedung des Aussiedleraufnahmegesetzes zu verschärfen und setzten einen zuvor erhaltenen Aufnahmebescheid sowie angemessene Deutschkenntnisse voraus. Des Weiteren wurde mit dem Kriegsfolgenbereinigungsgesetz des 01. Januar 1993 der Wortlaut „Aussiedler" zu „Spätaussiedler" geändert und man grenzte nochmals die Zuzüge durch die sogenannte Kontingentierung ein, in dem man die Aufnahme auf maximal 220.000 Bescheide pro Jahr begrenzte.[5] So reisten bis 2004 circa 2 Millionen Menschen im Rahmen des (Spät-)Aussiedlerzuzugs nach Deutschland ein.[6]

2.1.2 Jüdische Kontingentflüchtlinge

Parallel zu den Spätaussiedlern, umgangssprachlich auch Russlanddeutsche genannt, wurden, aufgrund von „steigende[m] Antisemitismus"[7] und wirtschaftlichen Umbrüchen in den aus den Ex-Sowjetrepubliken hervorgegangenen Nationalstaaten erste Rahmenbedingungen auch für Juden geschaffen, um zunächst nach Ostdeutschland auszureisen.

Da jedoch wenige Monate später, nach der Wiedervereinigung am 3. Oktober 1990, sich die ehemalige DDR der Bundesrepublik angegliedert hat, lud auch dieser fusionierte Staat jüdische Migranten ein, um einerseits die religiösen Gemeinden im Land zu stärken und andererseits als eine Art „Verantwortung für die Vergangenheit"[8] bei den Angehörigen anzuknüpfen. Zu letzterem wollte sich Deutschland indes gehend revanchieren als „eine Antwort der Deutschen auf den Holocaust, das dunkelste Kapitel ihrer Geschichte"[9].

Ausschlaggebend für diese Auflagen war ein Beschluss der Innenministerkonferenz vom 09. Januar 1991, der besagte, dass diese Bevölkerungsgruppe laut dem „Gesetz über

---

[4] Alfred Eisfeld, (Spät-)Aussiedler in Deutschland, 2013
[5] vgl. Alfred Eisfeld, (Spät-)Aussiedler in Deutschland, 2013
[6] vgl. Bundesamt für Migration und Flüchtlinge (BAMF): Migrationsbericht 2006 und 2010
[7] Zentralrat der Juden in Deutschland, Regelung bis 2004
[8] vgl. Stefan Daniel, geplante Desintegration, 2009
[9] Klaus J. Bade, Jochen Oltmer, Flucht und Asyl seit 1990

Maßnahmen für im Rahmen humanitärer Hilfsaktionen aufgenommene Flüchtlinge" (HumHAG) ohne weitere Einschränkungen nach Deutschland einwandern dürfe.[10] Hierzu sollte man anmerken, dass der oben genannte Begriff „Jude" nach sowjetischer Lesart, anders als in Deutschland, als eine Nationalität im Sinne einer Volkszugehörigkeit galt und in den Ausweisdokumenten vermerkt war. Aufgrund des für sozialistische Länder eher typischen atheistischen Weltbildes sagte somit diese Bezeichnung de facto nichts über den Glauben der jeweiligen Person aus.[11] Bis zum 31.12.2004 sind ungefähr 200.000 jüdischer Flüchtlinge nach Deutschland emigriert, solch eine Zahl an Einwanderern, zum Vergleich, war bei Russlanddeutschen jährlich[12] in der Periode von 1992 bis 1995 zu beobachten.[13]

2.2 Vergleichender Gesamtüberblick über die Einwanderungszahlen

Das Statistische Bundesamt stellte 2011 in einem Mikrozensus fest, dass sich in dem Zeitraum von 1990 bis 2011 etwa 1,54 Millionen zugewanderte Russlanddeutsche aus der ehemaligen Sowjetunion befanden. Die Zahl ist mit der vorher genannten, den 2 Millionen, insofern zu vereinbaren, als dass viele wieder in ihr Herkunftsland zurückgekehrt sind, wie mir durch ein zusätzliches Gespräch beim Interview erklärt wurde. Analog dazu liegen die Zahlen der „jüdischen Flüchtlinge" vor, die ab 2005 durch ein reformiertes Zuwanderungsgesetz seitdem fast nicht mehr anstiegen. Dieses Gesetz traf nun auf alle künftigen Einreisewilligen Anwendung und sollte damit laut §3 AufenthG die „Begrenzung des Zuzugs" sichern. So kann man sich an der oben genannten Zahl von insgesamt 200.000 gut orientieren.

---

[10] vgl. Stefan Daniel, geplante Desintegration, 2009
[11] Diese Information erhielt ich von zahlreichen Menschen, die ich im Rahmen dieser Arbeit interviewt habe.
[12] persönlich hervorgehoben
[13] vgl. Bundesamt für Migration und Flüchtlinge (BAMF): Migrationsbericht 2010

3. Statistische Analyse der Dialektrezeption unter Regensburgern mit russischsprachigem Migrationshintergrund

3.1 Vorgehensweise

Im Zeitraum vom September bis Oktober 2013 wurden im Rahmen dieser Seminararbeit 31 Personen im Alter von 18 bis 70 Jahren befragt, die drei wesentliche Grundkriterien erfüllen sollten: Sie wurden in einem Land des (post-)sowjetischen Gebietes geboren, sahen Russisch als ihre Muttersprache an und wiesen einen festen Wohnsitz im Regensburger Stadtgebiet seit mindestens 12 Jahren vor.

Da ich ebenso im September 1995 mit meiner Familie als jüdischer Kontingentflüchtling aus der Ukraine in die Bundesrepublik Deutschland emigrierte, stehe ich besonders mit vielen russischsprachigen Leuten in Kontakt und habe aufgrund der Ortspräferenz einen guten Bezug zur deutschen und auch zur bairischen Sprache. Dadurch gelang es mir relativ schnell, viele potenzielle und auch interessierte Probanden für meine Forschung zur einzelnen Dialektrezeption zu finden. So habe ich gleich telefonisch oder per Mail ein zeitnahes Treffen organisiert, diese Person dann bei sich zuhause besucht und in einem kurzen Vorgespräch darüber aufgeklärt, was das Ziel dieser statistischen Erhebung sei und womit sie im weiteren Dialogverlauf konfrontiert werde. Daraufhin fing nun das zweiteilige Interview an: Im ersten Teil wurde dem Befragten das bairische Gedicht „A Draam vom Fliang“[14] von Ingrid Höft vorgespielt, das zuvor von einem Regensburger Mundartsprecher aufgenommen wurde. Dies diente zum einen der Lockerung des Gesprächs, zum anderen jedoch sollte es hauptsächlich schon zu Beginn aufzeigen können, ob jegliche Kompetenzen der Mundart bei der jeweiligen Person vorherrschen und dem Hauptaugenmerk des Interviews, nämlich dem zweiten Teil, dienen könnten. An diesem Punkt wurden die beteiligten Personen so nach geeigneter Relevanz sortiert und die Befragung ist bei den Leuten, die den groben Inhalt des Gedichts erfassen konnten, fortgesetzt worden. Im zweiten Teil wurden dann in einem eigens dafür zusammengestellten Fragenkatalog sowohl Wörter als auch Ausdrücke der Hochsprache, auch Standarddeutsch genannt, vorgegeben, die dann ins Bairische übersetzt werden sollten. Diese Begriffe wurden in fünf Kategorien eingeteilt und spiegelten die Themen des Alltags wie „Mensch und Gesellschaft“ oder „Tätigkeiten“

[14] Ingrid Höft, A Draam vom Fliang, erschienen auf http://www.e-stories.de

wider. Zur späteren Bearbeitung und Sicherung des erhaltenen Vergleichsmaterials wurde der Wortlaut jedes einzelnen Begriffes der interviewten Person simultan mithilfe des Internationalen Phonetischen Alphabets transkribiert und auf den zugehörigen Erhebungsbogen gebracht.

Ein einseitiger Transfer von der Hochsprache in die Mundart wurde bewusst verlangt, um das eventuelle Erraten sich ähnlich klingender Begriffe zu vermeiden, was zur Folge hätte, dass keine empirischen Ergebnisse zu meiner Fragestellung geliefert werden könnten.

Die 31 Probanden wurden zu allererst nach den Interviews in drei gewählte Altersgruppen klassifiziert: In Jugendliche (18 bis 25 Jahre), in Erwachsene (30 bis 50 Jahre) und in Personen mittleren Alters (60 bis 70 Jahre).

3.2 Personen mittleren Alters (60 bis 70 Jahre)

So wurde gleich beim Betrachten der erzielten Ergebnisse festgestellt, dass von den fünf über 60-Jährigen, die an der Expertise teilgenommen haben, alle daran scheiterten, das relativ einfache Gedicht in Grundzügen wiederzugeben., womit deshalb die Fortsetzung des Interviews mit dem Fragenkatalog nicht mehr zu Analysezwecken geeignet war. Zwar konnten einige von ihnen den Transfer von genannten bairischen Ausdrücken in die Hochsprache leisten, zum Beispiel bei sich akustisch ähnelnden Wörtern wie [mo] oder [ʃena] und zum anderen durch alltägliche Wörter des Essens wie [zɛ ml] und [lebakaz], jedoch war dies kein ausschlaggebender Faktor für die Kompetenz und war nach dem Prinzip des Erratens gelöst worden, wie mir durch Beobachtung und späteres Nachfragen ersichtlich wurde. Die Gründe für diesen Mangel an Dialektkenntnissen liegen in zwei grundsätzlichen Punkten:

3.2.1 Faktor Beruf

Die befragten Personen mittleren Alters kamen zurückgerechnet mit 40 bis 50 Jahren nach Deutschland und mussten sich sowohl zunächst in ihrem neuen Umfeld zurechtfinden und als auch eventuell in der ersten Zeit eine finanzielle Unterstützung vom Staat beantragen. Nachdem sie dann einen relativ stabilen Platz in der Gesellschaft eingenommen haben, bemühten sie sich auch um eine Arbeitsstelle, damit sie ein unabhängiges und selbstständiges Leben führen konnten. Jedoch fiel ihnen dies zum Teil nicht leicht, da die Abschlüsse und Diploma, die sie in ihrem Herkunftsland erworben haben, in Deutschland nicht anerkannt wurden und man somit durch die mangelnden Deutschkenntnisse und die Orientierungslosigkeit in einem fremden Land schnell den Abstieg in die Arbeitslosigkeit verursachte oder sich mit Tätigkeiten auf geringfügiger Basis als Reinigungskraft oder als Angestellte in einem Einkaufsgeschäft zufrieden stellen sollte. Da der Großteil der Berufe, die ihnen zur Auswahl standen, ein geringes Maß an Kommunikation verlangte, wurden sie zwar somit vielleicht ein wenig mit der deutschen Sprache vertraut gemacht, kaum jedoch mit der regionalen Sprachvariation.

3.2.2. Faktor soziales Umfeld

Hinzu kommt noch, dass sich die älteren Migranten aufgrund der für sie andersartig erscheinenden Kultur und Mentalität nicht identifizieren können mit den Menschen um sich und folglich in eine Parallelgesellschaft hineinstürzen, in der sie nur mit den Personen Kontakt haben wollen, die die gleiche Herkunft und Sprache mit ihnen teilen. Dies führt natürlich zu einer Verdrängung der deutschen und besonders auch der bairischen Gepflogenheiten und fördert keineswegs die gegenseitige Integration. Obwohl von staatlicher Seite früher und auch heute noch ein nahezu kostenfreier Deutschkurs angeboten wird, wird dieser zwar beansprucht, jedoch findet das erlernte Wissen aufgrund der bereits genannten mangelnden Konfrontation kaum Anwendung und durch dieses Desinteresse besteht auch keine Möglichkeit, sich gar den Dialekt, also eine gewissermaßen unter den Einheimischen gesprochene Sprache anzueignen und ihn auch zu sprechen.

3.3 Vergleich zwischen Jugendlichen (18-25 Jahre) und Erwachsenen (30-50 Jahre) anhand des Kriteriums Alter

Als nächstes Vergleichsobjekt wurden die zwei Kategorien Jugendliche (18 bis 25 Jahre) und Erwachsene (30 bis 50 Jahre) ausgewählt und wie in einer Tabelle gegenübergestellt. Das heißt, es ist zu jedem gefragten Wort des Regensburger Dialekts ein Gesamtbild der relativen Häufigkeiten korrekt transferierter Begriffe erstellt worden, denn dadurch konnte man sowohl die Gemeinsamkeiten als auch die Unterschiede in Bezug auf das Alter gut herausarbeiten.

3.3.1 Gemeinsamkeiten

Unter der zu dem Kriterium Alter erstellten Teilanalyse von insgesamt 26 berücksichtigten Fragebögen kam heraus, dass gewisse Wörter auditiv von nahezu allen interviewten Migranten unabhängig vom Alter korrekt transferiert wurden. Dem ist anzumerken, dass sich aus jeder Kategorie mindestens zwei Wörter auffinden ließen, die sowohl von jung als auch von alt ins Regensburger Bairisch übersetzt werden konnten. Diese Wörter finden zum Beispiel ihre Verwendung in regionalen Feiern wie dem Oktoberfest, auf dem man sich eine [mɑs] bestellt, die [otsapft] wird, oder dem Karneval, der in Bayern auch den Titel [faʃyŋ] trägt. Des Weiteren bedient man sich an Begriffen aus dem Bereich des Essens, indem man beim Bäcker frische [zɛ mln] holt und dann in der Fleischabteilung ein würziges [flajʃpflantsarl] oder ein Stück [lebakaz] sieht und es als Zwischenmahlzeit im Lebensmittelgeschäft verköstigt. Schließlich steht man an der Kasse und holt zum Bezahlen das [gøld] aus seinem Portemonnaie.

Dies lässt sich folglich dadurch erklären, dass die markanten Objekte ein hohes Maß an Repräsenz in jedermanns Alltag zeigen, das heißt, sie werden häufiger von Dialektsprechern gebraucht und lassen sich durch das mehrmalige Hören ebenso durch Nicht-Dialektsprecher besser aufschnappen und einprägen.

Um die Kompetenzen beider Altersgruppen differenziert zu beleuchten, werden diese zunächst vereinzelt mit den normativen Ergebnissen des aufgenommenen Dialektsprechers verglichen und am Ende dann als zwei Parteien gegenübergestellt.

3.3.2 Transferspezifische Besonderheiten unter Jugendlichen

Bei den exakt 39 Begriffen gab es einige Auffälligkeiten, die nur unter den Schülern und Studenten von 18 bis 25 Jahren aufgetreten sind.

Zum einen wurde dabei festgestellt, dass Bezeichnungen, die eine geschlechtsspezifische Bedeutung haben, wie [bua] oder [madl] beziehungsweise [mɛ dl], bei einigen sogar das von älteren Generationen verwendete [deandl], allen bekannt sind wie auch Wörter aus der dialektalen Vulgärsprache. Anstatt die angemessene Form der standarddeutschen Wörter wie den Hintern oder die Toilette (auch: Klo) zu verwenden, bevorzugen sie lieber die deutlich stärker klingenden Terminologien wie [oaʃ] oder [ʃ ajshaus]. Ähnliches gilt bei dem Wort [fɛ ʃ], das mehr unter den jungen Migranten Gebrauch findet, da es zur sogenannten „Lebensalter-Sprache"[15] gehört.[16]

Zum anderen fällt auf, dass die Bezeichnung für Kleidung und das Gemüse Rotkohl, die zuvor von mir als Besonderheit für die Gruppe der Erwachsenen erwartet war, größtenteils richtig translatiert wurde. So wussten viele Jugendliche, dass das[17] [gvand] in einem Kleiderschrank liegt und das Abendessen mit einem Salatteller voll [blaukraut] serviert wird.

3.3.3 Transferspezifische Besonderheiten unter Erwachsenen

Ebenso wie bei der jüngeren Generation gab es unter den Ergebnissen der Umfrage bei Personen von 30 bis 50 Jahren Auffälligkeiten, die nur auf diese Gruppe zutrafen.

Gleich zu Beginn fällt zwar auf, dass der Großteil der transferierten Begriffe prozentual gesehen mit den jüngeren Subjekten, die auf gleiche Weise befragt wurden, im Groben überlappt, jedoch gibt es einige Ausnahmen, die das geschwächte Transferpotenzial der Älteren bekräftigen. Vergleicht man das zuvor analysierte Wort [fɛ ʃ], so kann man anhand der Tabelle ablesen, dass bis auf einen 34-jährigen männlichen Sozialpädagogen niemand die entsprechende Translation meistern konnte. Gleiches gilt bei den Wörtern [gvand] oder [blaukraut], wobei letzteres eigentlich eher den erfahreneren Leuten, also Älteren, geläufig sein sollte, da ja grundsätzlich der Einkauf von Lebensmitteln durch die Eltern getätigt wird.

---

[15] Heinrich Löffler: *Germanistische Soziolinguistik*. Erich Schmidt Verlag, Berlin 1985, S. 127
[16] Heinrich Löffler: *Germanistische Soziolinguistik*. Erich Schmidt Verlag, Berlin 1985, S. 127
[17] persönlich hervorgehoben; in der Standardsprache besitzt das Wort für Kleidung den Artikel „die"

3.3.4 Vergleichendes Gesamtbild der Altersrezeption

Durch die zuvor in Tabellen geordneten Resultate der Personenbefragung bin ich zu der Erkenntnis gekommen, dass Jugendliche im jetzigen Alter von 18 bis 25 ein breiteres Spektrum an Dialektkompetenz aufweisen und eine akzentuiertere Artikulationsweise der Regensburger Mundart besitzen im Vergleich zu den älteren Migranten des Alters 30 bis 50. Dies liegt zum Teil daran, dass in Familien beispielsweise sich zwar die Kinder mit ihren Eltern auf Deutsch unterhalten, die Eheleute aber unter sich immer noch auf Russisch sprechen. Gleiches ist zu sehen bei der Unterhaltung mit Freunden. Die späteren Generationen stehen mit den verschiedensten Nationen in Kontakt und werden damit viel wahrscheinlicher konfrontiert, die Eltern suchen sich jedoch aufgrund der immer noch existierenden Unsicherheit in der Hochsprache Altersgenossen aus, mit denen sie sich besser identifizieren können, die der gleichen Muttersprache mächtig sind und ähnliche Verhaltensmuster aufzeigen können aufgrund der kulturellen Hintergründe.

Der Hauptgrund liegt jedoch meines Erachtens nicht in dem sozialen Umfeld, das die einzelne Person umgibt, sondern in der Fähigkeit und den Verhaltensmustern des Gehirns. Durch tiefgründige Recherchen bin ich auf ein Forschungsteam aus den Vereinigten Staaten gestoßen, die die Region der Hirnrinde im Bereich des Sprachenzentrums untersucht hat, das sich Broca-Areal nennt.

Hier sieht man eine Abbildung dieser Region:

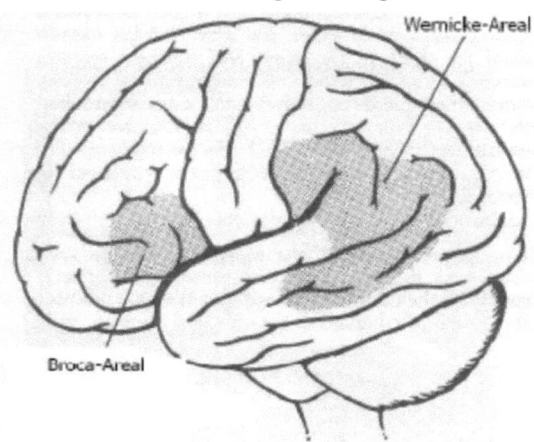

18

---

[18] Abbildung: Gehirn & Geist, Katharina Kramer, Wie werde ich ein Sprachgenie, 2/2003

Dieser Abschnitt ist für die „Produktion von Sprache"[19] verantwortlich und wurde im Rahmen eines Experiments unter Zweisprachlern, die zum einen Teil die zweite Sprache von Geburt an und zum anderen Teil nach der Erreichen des 11. Lebensjahres erlernt haben, untersucht. Mithilfe eines Magnetresonanztomografen wurde die Hirnaktivität der einzelnen Personen in elektrische Signale umgewandelt und ist auf einem Computerbildschirm angezeigt worden. Dabei stellten die Wissenschaftler fest, dass die Spätlerner „für jede Sprache je ein Nervenzell-Netz"[20] aktivierten, während die Frühlerner für die Fremdsprache das gleiche Netz verwendeten wie für ihre Muttersprache und einfach an dieses anknüpften. So folgerten sie daraus, dass sich dieses Broca-Areal schon in den ersten Lebensjahren formiert und nicht weiterverändert, also mit dem Älterwerden dann ein bestimmtes Schema entwickelt, um neue Fremdsprachen zu lernen. Daraus schloss man, dass bei zweisprachigem Aufwachsen ein viel größeres Sprachenpotenzial herrsche und damit auch erwiesen wurde, es aufgrund welcher Ursachen vor allem älteren Menschen schwerer fällt, sich eine neue Form des Ausdrucks anzueignen.[21]

Denn bei einem in frühen Jahren ausgeprägten Netz im Broca-Areal durch den ständigen Wechsel von Muttersprache auf die Ausdrucksweisen im Kindergarten oder in der Schule kann somit eine weitere dritte Sprache schneller und auch grundlegender erlernt werden, da diese einfach an das schon erworbene Netz anknüpfen kann, während bei einsprachig aufgewachsenen Kindern ein neues Netz gebildet werden muss, welches „beachtliche Anstrengung"[22] des Gehirns erfordert und so mit mehr Aufwand verbunden ist.[23]

Aus diesen wissenschaftlichen Ergebnissen folgerte ich, dass die jüngeren Befragten genau aus diesem Grund die besseren Kompetenzen aufweisen als die älteren Teilnehmer. Um es mit Zahlen etwas auszuschmücken, so haben die 18 bis 25-jährigen circa 70 Prozent aller Vokabeln in das in Regensburg gesprochene Bairisch korrekt transferiert, wohingegen es unter den 30 bis 50-jährigen lediglich nur um die 48 Prozent geschafft haben. So lässt sich festhalten, dass das Anwerben von Dialektkenntnissen etwas zu tun hat mit dem Alter, in dem man es anfängt zu hören und auch zu benutzen. Rechnet man die Jahre zurück auf das Alter bei der Einreise, so kann man sehen, dass die

---

[19] Gehirn & Geist, Katharina Kramer, Wie werde ich ein Sprachgenie, 2/2003
[20] Gehirn & Geist, Katharina Kramer, Wie werde ich ein Sprachgenie, 2/2003
[21] vgl. Gehirn & Geist, Katharina Kramer, Wie werde ich ein Sprachgenie, 2/2003
[22] Gehirn & Geist, Katharina Kramer, Wie werde ich ein Sprachgenie, 2/2003
[23] vgl. Gehirn & Geist, Katharina Kramer, Wie werde ich ein Sprachgenie, 2/2003

Jugendlichen damals im Alter von 1 bis 8 Jahren in die Bundesrepublik Deutschland einreisten und sich gleich wie im Kindergarten so auch in der Schule verständigen mussten, während die Erwachsenen schon in einem relativ reifen Alter herkamen, in dem es einem natürlich schwerer fällt, eine neue Sprache zu lernen, wobei man noch anknüpfen muss, dass der bairische Dialekt mit seiner Wortvielfalt und eigenen Grammatik ebenso als Sprache gezählt werden kann.

3.4 Vergleich unter Erwachsenen (30-50 Jahre) anhand des Kriteriums Akademisierungsgrad

Der letzte Vergleichsaspekt ist die Unterteilung der Erwachsenen in Akademiker und Nicht-Akademiker. So lässt sich möglicherweise die Fragestellung auf analytische Weise klären, ob der soziale Stand ein relevanter Faktor für die Dialektkenntnisse ist.

Bei den Ergebnissen ist zum Schluss herausgekommen, dass von den 30 bis 50-jährigen Akademikern nur 42 Prozent eine richtige Antwort gegeben haben, wohingegen ganze 63 Prozent der Handwerker beziehungsweise Nicht-Akademiker die Aufgaben meisterten. Wenn man sich in den Berufsalltag dieser beiden Gruppen vertieft, kann man beobachten, dass die sozial Höhergestellten geringere Kompetenzen aufzeigen können, da sie eher eine anspruchsvollere und geistige Position innehaben und somit fast schon gezwungen sind, sich der Hochsprache zu bedienen. Des Weiteren ist die Hochsprache auch ein Standard an den Universitäten, an denen die sozial Stärkeren studieren. Anders bei den Nicht-Akademikern: Mit 63 Prozent verfügen sie über bessere Kompetenzen als die Studierten, da sie in ihrem Arbeitsmilieu hauptsächlich die gesprochene Sprache verwenden, genauer gesagt, die einheimischen Arbeiter pflegen den Dialekt, der dadurch von den Migranten ständig gehört wird.

3.5 Zusammenstellung aller erzielten Ergebnisse und Fazit

Um den Hauptteil dieser wissenschaftlichen Expertise abzurunden, wird nun im Folgenden resümiert, welche Ergebnisse bei der Analyse der Interviews herausgekommen sind. So kommt man zu folgendem Schluss:

Die Dialektrezeption des Bairischen unter Regensburger Migranten ist am stärksten zu beobachten bei Jugendlichen im Alter von 18 bis 25 Jahren, bei denen der Großteil die Mundart versteht und je nachdem sich auch an ihr bedient.

Bei Erwachsenen dagegen ist die Aufnahmefähigkeit etwas geringer und zudem davon abhängig, welchem sozialen Stand sie zugeordnet sind. Konkretisiert zusammengefasst bedeutet es, dass Nichtakademiker aufgrund ihres professionellen Umfelds bessere Kompetenzen aufweisen als Hochschulabsolventen, die sich sprachlich mehr an den standardisierten Wortlauten orientieren müssen.

Personen mittleren Alters von 60 bis 70 Jahren weisen keinerlei Fähigkeiten der Sprachvarietät auf und werden damit auch in ihrem Alltag nicht oder kaum konfrontiert.

4. Möglichkeit der Einführung eines Bairisch-Sprachkurses

Während der Hausbesuche unterhielt ich mich mit den Menschen über ihre Vergangenheit und sie haben mir mit Vergnügen davon berichtet, dass es auch in ihrer Muttersprache vielzählige Dialekte gibt, die sich von Region zu Region unterscheiden. Auf die Frage, ob sie denn gerne die bairische Mundart sprechen würden, antworteten alle mit ja, räumten jedoch ein, dass es leider keine Möglichkeiten gebe diese zu erlernen, wie zum Beispiel mit einem Lehrbuch.

Aus diesem gegebenen Anlass habe ich mir Gedanken darüber gemacht, wie man die bairische Sprache an Migranten oder einfach nur an Fremde weitergeben könnte. Durch Recherchen fand ich heraus, dass sich in jeder mittleren bis größeren Stadt Deutschlands eine Volkshochschule befindet, auf der man gegen Gebühr zahlreiche Kurse besuchen kann, unterem auch zum Lernen von Fremdsprachen. So könnte ich mir vorstellen, dass gebildete Einheimische, die den Dialekt sehr gut beherrschen, Gruppenstunden für Bairischinteressierte geben könnten und dadurch die Sprecherzahlen um ein Vielfaches erhöhen könnten. Zusätzlich würden damit Kursteilnehmer die neue Kultur, die sie vorfinden, besser verstehen und es würde der Beitrag zur gemeinsamen Integration in die Gesellschaft gefördert werden.

5. Literaturverzeichnis

- Eisfeld, Alfred: (Spät-)Aussiedler in Deutschland.
  In: Aus Politik und Zeitgeschichte, B 63 (2013), Seite 51 ff.
- Schneider, Jan: Die Geschichte der Russlanddeutschen.
  http://www.bpb.de/themen/AA1Q8R.4.0.Die Geschichte der Russlanddeutschen.html
  Stand: 15.03.2005
  Aufrufdatum: 15.10.2013
- Zentralrat der Juden: Regelung bis 2004
  http://www.zentralratdjuden.de/de/topic/82.regelung-bis.html
  Aufrufdatum: 17.10.2013
- Bundesverwaltungsamt: www.bva.bund.de ;
  Bundesamt für Migration und Flüchtlinge (BAMF):
  Migrationsbericht 2006 und 2010
- Daniel, Stefan: Geplante Desintegration.
  In: Jüdische Zeitung, 11/2009
- Bade, Klaus J./ Oltmer, Jochen: Flucht und Asyl seit 1990
  http://www.bpb.de/gesellschaft/migration/dossier-migration/56443/flucht-und-asyl-seit-1990
  Stand: 15.03.2005
  Aufrufdatum: 20.10.2013
- Kramer, Katharina: Wie werde ich ein Sprachgenie?
  In: Gehirn & Geist, 2/2003, S.48 ff.

Gedichtquelle:
- Höft, Ingrid: A Draam vom Fliang
  http://www.e-stories.de/gedichte-lesen.phtml?143755
  Aufrufdatum: 10.10.2013

Gesetzestexte:
- Gesetz über die Angelegenheiten der Vertriebenen und Flüchtlinge
  § 6 Bundesvertriebenengesetz (BVFG) - Gesetz über die Angelegenheiten der
  Vertriebenen und Flüchtlinge/ hier zu finden auf Seite 4
- § 3 Aufenthaltsgesetz/ hier zu finden auf Seite 6

6. Muster eines Fragebogens

Angaben zur Person:

Kennziffer:

Alter:

Geschlecht:

Beruf:

Geburtsort:

Wohnort (+wie lange?):

Muttersprache:

1. Einführung durch ein gesprochenes Gedicht

So einfach fliang, ois wia de Vegl,

ganz ohne Motor oda Segl,

des is hoit no a großa Draam,

den d' Menschn oallawei scho ham.

Oi Tod und Teife hams erfundn,

und mancha hod se z'tod aa gschundn,

bloß wirklich fliang des kon no koana,

so wia a Vogl, so a kloana.

Und neilich, do hod mia moi draamt,

daß wia a Vogl, 's Fliang i kannt.

Ja, so an Zeig, den draamst oft zam...

I woit des erst aa ned recht glam.

Dann hob i mi in Himme gschwunga,

do drom glei no mei Liadl gsunga

und so ganz ohne schlechtes Gwissn,

oamoi auf d' Menschheit oba gschaut.

2. Fragenkatalog (gemischt) zum Regensburger Dialekt

Kategorien:

a) Mensch und Gesellschaft

b) Essen

c) Haushalt

d) Tätigkeiten (Verben)

e) Eigenschaften (Adjektive)

a) Mensch und Gesellschaft
   - (der) Mann, (die) Frau
   - (der) Junge, (das) Mädchen
   - ~~Wochentage (Montag Sonntag)~~
   - (der) Karneval
   - (das) Gesäß/Hintern
   - „ist schon recht/in Ordnung"
   - die Kleidung
   - bairisch

b) Essen
   - (die) Kartoffel
   - (die) Limonade
   - (das) Brötchen
   - ~~(die) Butter~~
   - (die) Bulette
   - (der) Leberkäse
   - (der) Rotkohl
   - (das) Radieschen

c) Haushalt
   - (die) Toilette
   - (die) Tür
   - (die) Bürste
   - (die) Küche
   - (der) 1l Bierkrug
   - (das) Bierfass anstechen
   - (das) Geld
   - (die) Treppe

d) Tätigkeiten (Verben)
   - Ich habe mit Max *gequatscht*.
   - *Beeil* dich!
   - Du kannst auch was *sagen*.
   - *Sei jetzt ruhig*!
   - Ich *heiße* Fabian.
   - Möchtest du mit dem Ball *spielen*?
   - Du kannst dich jetzt *umdrehen*.
   - Wann gehst denn du *schlafen*?

e) Eigenschaften (Adjektive)
   - Dein Zimmer ist aber *klein*.
   - Das Wasser ist mir zu *heiß*.
   - Ich möchte einen *warmen* Leberkäse.
   - Es ist schon wieder *kalt* draußen.
   - Das ist ein *schöner* Baum.
   - Mein Mädchen ist *hübsch*.
   - Mit der Zeit wird jeder mal *alt*.
   - Der Fernseher ist *teuer*.